RÉPUBLIQUE FRANÇAISE

LIBERTÉ — ÉGALITÉ — FRATERNITÉ

DÉPARTEMENT DE L'ALLIER

COMPTE-RENDU

DU

PREMIER CONGRÈS

DES

COMMISSIONS DÉPARTEMENTALES

DU

TRAVAIL DANS L'INDUSTRIE

DES ENFANTS, DES FILLES MINEURES ET DES FEMMES

TENU

A MOULINS

Les 24 et 25 octobre 1903

MOULINS

IMPRIMERIE FUDEZ FRÈRES, RUE DU VERT-GALANT

1904

RÉPUBLIQUE FRANÇAISE

LIBERTÉ — ÉGALITÉ — FRATERNITÉ

DÉPARTEMENT DE L'ALLIER

COMPTE-RENDU

DU

PREMIER CONGRÈS

DES

COMMISSIONS DÉPARTEMENTALES

DU

TRAVAIL DANS L'INDUSTRIE

DES ENFANTS, DES FILLES MINEURES ET DES FEMMES

TENU

A MOULINS

Les 24 et 25 octobre 1903

MOULINS

IMPRIMERIE FUDEZ FRÈRES, RUE DU VERT-GALANT

1904

ORIGINE DU CONGRÈS

COMMISSION DÉPARTEMENTALE DE L'ALLIER

Séance du 29 novembre 1901

VŒU DE M. E. LAPEYRE, INGÉNIEUR

COMPTE-RENDU

DU

PREMIER CONGRÈS

DES

COMMISSIONS DÉPARTEMENTALES

DU

TRAVAIL DANS L'INDUSTRIE

DES ENFANTS, DES FILLES MINEURES ET DES FEMMES

TENU

A MOULINS

Les 24 et 25 octobre 1903

Séance du 24 octobre 1903.

La séance est ouverte par M. Lauzet, Conseiller général, Président de la Commission de l'Allier, qui donne la parole à M. Nectoux, Secrétaire général de la Préfecture, chargé de présenter les excuses de M. le Préfet, empêché; il souhaite en son nom la bienvenue aux délégués, leur exprime le désir et l'espoir qu'ils feront un travail utile, en les assurant de la sympathie de l'Administration départementale.

M. Palletan, secrétaire de la Commission de l'Allier, remercie M. Nectoux des paroles bienveillantes qu'il vient de prononcer et s'exprime ensuite en ces termes :

« Notre congrès, Messieurs, aurait pu avoir un plus grand retentissement; nous aurions eu un plus grand nombre de délégués des départements, si nous nous étions adressés à toutes les Commissions, mais ce n'est qu'à celles qui travaillent que nous avons fait appel; peu importe le nombre si les questions portées à l'ordre du jour reçoivent une bonne solution ; et, si nous comprenions bien notre rôle, nos Commissions devraient être, en quelque sorte, le trait d'union entre la classe ouvrière et les Pouvoirs publics ; en effet, ne sommes-nous pas appelés à émettre des vœux et à faire des propositions sur l'amélioration à apporter à la loi du 2 novembre 1892 ? Mais notre pouvoir s'arrête là et nous croyons que la vitalité de nos Commissions se serait accrue, si leur force pouvait s'étendre à toutes les lois du travail. J'espère bien que, prochainement, le Parlement s'inspirant des études et des services que peuvent rendre nos Commissions, voudra bien étendre nos droits à toutes les lois réglementant le travail.

« En terminant, Messieurs, je voudrais pouvoir vous entretenir plus longuement de l'utilité de nos Commissions, ce qu'elles étaient avant leur réorganisation par le Ministère Waldeck-Millerand, ce qu'elles sont aujourd'hui ; mais tout cela nous le discuterons dans les différentes questions portées à l'ordre du jour. Qu'il me soit permis, encore une fois, de vous adresser à tous les souhaits les plus sincères de bienvenue parmi nous. »

Le bureau définitif du Congrès est ensuite composé comme suit :

MM. Colinot, sénateur de l'Yonne, *président* ;

Lauzet, conseiller général de l'Allier, *vice-président* ;

Leroux, typographe, délégué de l'Yonne, *vice-président* ;

Lemasson, typographe, délégué de la Commission de Troyes, *secrétaire* ;

Palletan, secrétaire de la Commission de l'Allier, *secrétaire* ;

Lapeyre, délégué de la Commission de l'Allier, *rapporteur général*.

M. Colinot remercie l'Assemblée et présente ensuite

les excuses de MM. PARTY, délégué de Dijon, MAGNARD, délégué de la Nièvre et LANGE, délégué de l'Aube.

M. Charles GEORGES, membre de la Commission de l'Allier, présente les excuses de M. GIVOIS, Conseiller général de l'Allier.

Les excuses des Sénateurs, Députés et Conseillers généraux de l'Allier sont présentées et acceptées en bloc.

M. PINGUET, Conseiller général, assiste au Congrès.

Le Secrétaire de la Commission organisatrice donne lecture de la liste des départements représentés au Congrès (Yonne, Côte-d'Or, Aube et Nièvre), dont les délégués sont :

Commissions d'Auxerre, Avallon, Joigny et Tonnerre :

MM. COLINOT, sénateur, Président de la Commission.
LEROUX, typographe, Vice-Président du Conseil de Prud'hommes, Secrétaire de la Commission.

Commission de Sens :

MM. GAILLARD, fabricant de chaussures, Président du Conseil de Prud'hommes.
PERRAULT, typographe, Secrétaire de la Commission.

Commission de Dijon :

M. BERTHEAUX, Secrétaire général de la Bourse du travail.

Commission de Troyes :

M. LEMASSON, typographe.

Commission de Nevers :

M. ROLAND Louis, membre ouvrier.

Tous les membres de la Commission de l'Allier assistent au Congrès.

Les Commissions de Caen, de Castres et de Saint-Etienne ont adhéré au Congrès, mais n'ont pas envoyé de délégués.

Le Secrétaire de la Commission de l'Orne a exprimé le regret de ne pouvoir répondre à notre invitation.

M. le Président annonce qu'on va commencer l'examen des vœux portés à l'ordre du jour. Ceux-ci sont au nombre de sept.

En première ligne figure un vœu présenté par la Commission départementale de l'Aube, demandant l'assimilation des ateliers de famille aux établissements industriels.

M. Lemasson, délégué de la Commission départementale de l'Aube, a la parole pour développer le susdit vœu et s'exprime ainsi :

« Chers Collègues,

« Je regrette que le citoyen Batisse, auteur du vœu que nous avons à étudier, ait été dans l'obligation, pour raison de santé, de refuser le mandat de délégué que voulaient lui confier ses collègues de la Commission départementale de l'Aube.

« La majorité des ateliers de famille existant dans l'Aube exerçant la profession de bonnetiers, et le citoyen Batisse appartenant à cette industrie, il s'ensuit que les renseignements qu'il aurait été à même de donner à ce Congrès auraient eu un réel intérêt, attendu qu'ils relevaient d'une étude sérieuse.

« A son défaut, M. Lange, patron bonnetier, aurait pu soutenir chaleureusement le vœu présenté, mais comme une dépêche nous annonce qu'il a été pris d'une subite indisposition en cours de route, je vous déclare que je ferai de mon mieux et que ce sera pour moi une satisfaction si j'arrive à associer les congressistes au vœu de la Commission départementale de l'Aube. »

Après cette déclaration, M. Lemasson présente le vœu de la façon suivante :

« Messieurs et chers Collègues,

« Au nom de la Commission départementale de l'Aube, j'ai l'honneur de vous présenter une réglementation des ateliers de famille, telle que nous désirerions qu'elle fût.

« Ces ateliers « dits de famille » jouissent d'avantages funestes à l'intérêt de la classe ouvrière en général, puisque la loi de protection du travail, qui régit les établissements industriels, ne leur est pas appliquée.

« L'idée de réglementer les ateliers de famille n'est pas nouvelle ; déjà, en 1847, la Chambre des Pairs, appelée à modifier la loi de 1841, concernant la protection de l'enfant dans tous les ateliers sans distinction, vota une exception en faveur des ateliers de famille englobés par la loi ; puis l'Angleterre, la Belgique, les Etats-Unis et la Nouvelle-Zélande eurent à s'occuper, à leur tour, du travail à domicile et aussi des ateliers de famille.

« Aujourd'hui, la question semble être soulevée à nouveau ; aussi, Messieurs, j'espère que vous ferez bon accueil à l'étude que nous avons faite à ce sujet et que vous approuverez les vœux émis par la Commission départementale de l'Aube, que je représente.

« D'ici, Messieurs, les décisions que nous prendrons auront une portée bien plus grande que celle qu'ont les décisions prises entre membres d'une même Commission ; ce Congrès qui sera suivi de beaucoup d'autres, j'en ai la conviction, aura eu le mérite de stimuler les Commissions qui semblaient s'endormir ; aussi, je profite de l'occasion pour adresser aux organisateurs mes sincères félicitations.

« Je suis heureux de voir parmi nous un législateur, sa présence au milieu de nous est de bon augure pour l'avenir ; en attendant que les députés et sénateurs soient sollicités pour qu'ils rompent avec la routine et qu'ils abandonnent — en ce qui concerne les ateliers de famille — les scrupules de leurs prédécesseurs ; j'adresse à notre Collègue jouissant d'un mandat législatif, un pressant appel en faveur de ce que nous croyons être un pas vers la justice.

« Le but de toutes les lois relatives à la réglementation du travail est, au point de vue hygiénique, la protection de l'enfance et la défense de la santé des travailleurs ; au point de vue industriel, d'éviter la surproduction qui amène fatalement l'avilissement des prix et des salaires.

« Mais le législateur s'est trompé lorsqu'il a cru atteindre le but qu'il se proposait en exceptant les ateliers de famille ; il pensait que, le père étant le mieux placé et le plus intéressé pour appliquer dans son intérieur les lois d'hygiène et le repos nécessaire au développement de l'enfant, il serait inutile de le soumettre à l'inspection : c'était une grande erreur, car c'est dans l'atelier de famille *surtout* que l'on commet le plus d'infractions aux lois du travail et de l'hygiène.

« Notre département possède, dans les arrondissements de Troyes, Arcis et surtout Nogent-sur-Seine, une grande quantité de ces ateliers fabriquant presque tous de la bonneterie, fonctionnant en grande partie au moyen d'un moteur mécanique et occupant de trois à six personnes.

« Au point de vue de la propriété, ils peuvent se diviser en trois catégories :

« 1° Ceux dont les façonniers sont propriétaires des locaux et des machines ;

« 2° Ceux dont les locaux sont la propriété des façonniers, la machine appartenant au commerçant ou entrepreneur, ou *vice versa* ;

« 3° Ceux, enfin, où locaux et machines sont la propriété du commerçant ou entrepreneur ; ils sont peu nombreux.

« Tous ces ateliers n'étant pas patentés, il est impossible d'en connaître exactement le nombre.

« Non soumis à l'inspection en ce qui concerne la durée du travail, ils font par ce moyen une concurrence nuisible aux ateliers réglementés, car il n'est pas rare de voir, à différentes époques de l'année, nos bons pères de famille travailler et faire travailler leur femme et leurs enfants 13, 14, 15 heures et même plus; ce surcroît de travail et, par conséquent, de production permet aux commerçants occupant ces façonniers de diminuer le prix de main-d'œuvre et de lancer sur le marché leurs articles avec un rabais important. Il faut donc faire cesser les privilèges dont jouit l'atelier de famille.

« On nous objectera peut-être que nous voulons toucher à la famille et que l'application de la loi conduira, la plupart du temps, à violer le domicile particulier. Nous répondons à l'avance à ces questions : Non, puisque nous demandons que la loi vise spécialement les ateliers fonctionnant au moteur mécanique. Or, il est inadmissible, au point de vue de l'hygiène, que l'installation d'un moteur à pétrole et de machines à bonneterie puisse se faire dans la salle à manger ou dans la chambre à coucher : elle nécessite toujours un atelier spécial, c'est donc l'atelier et non le domicile qui sera réglementé. Quant aux droits du père de famille, ils doivent être limités lorsqu'il y a abus, et c'est le cas pour la question qui nous occupe aujourd'hui.

« D'ailleurs, les droits du père envers ses enfants travaillant dans les usines ne sont-ils pas limités par la loi de 1900; lui-même n'est-il pas soumis aux règles s'il travaille en atelier mixte ? Pourrait-il, même étant d'accord avec le patron, faire travailler ses enfants au-delà des heures fixées par la loi ? Non. Alors nous demandons que les lois d'hygiène, de sécurité et de durée du travail soient les mêmes au dedans de la famille que celles appliquées au dehors.

« Les difficultés d'application de la loi sont secondaires; c'est, selon nous, le nombre trop restreint des Inspecteurs, qui ont un surcroît de travail et sont dans l'impossibilité de visiter les établissements trop nombreux de leur département respectif; la plupart, en effet, ont plus de 3,000 établissements sous leur contrôle : il est évident que, dans ces conditions, le service d'inspection est forcément négligé.

« La Commission supérieure du travail, dit M. Waddington, avait été frappée de la facilité avec laquelle les ateliers de famille peuvent, aux époques de presse, perdre leur caractère par suite de l'admission d'ouvriers étrangers, et faire une concurrence ruineuse aux établissements industriels soumis à la réglementation. La Commission du travail avait émis le vœu, dans un rapport, qu'il fût procédé, « par les soins de l'inspection du travail, à un recensement du nombre et de l'importance de ces ateliers et, dans la mesure du possible, à une enquête sur les conditions dans lesquelles y est pratiqué le travail ».

« Les ateliers de famille se divisent en deux catégories : dans ceux qui sont pourvus de moteurs mécaniques, l'inspection du travail est limitée à l'application des règles d'hygiène et de sécurité. Les autres ne sont soumis à aucune obligation légale, et l'inspecteur du travail n'y a point entrée.

« Le recensement de ces ateliers et de leur importance, l'enquête sur les conditions dans lesquelles y est pratiqué le travail constituent donc des opérations fort délicates et susceptibles de se heurter fréquemment au refus des intéressés.

« M. l'Inspecteur de la 2e circonscription (Limoges), constate que les ateliers de famille, non soumis à la loi de 1892, s'étendent de plus en plus « et que ce n'est pas fortuitement, mais à dessein, en vue précisément de se soustraire à la loi ». Il cite diverses opérations faciles à effectuer, tel que le piquage des bottines, la confection, la lingerie, qui sont pratiquées en dehors de presque tous les établissements industriels.

« M. l'Inspecteur divisionnaire de Dijon a relevé l'existence, dans la région, de 95 ateliers de famille pourvus d'un petit moteur. Il n'a pas constaté de tendance à l'augmentation de ces ateliers dans sa circonscription, mais il attribue uniquement cet état stationnaire à la situation moins prospère de l'industrie de la bonneterie.

« Il ajoute que la réglementation du travail à laquelle échappent ces ateliers, qui font déjà une concurrence appréciable aux manufactures, préoccupe très vivement les ouvriers et les patrons ; les uns parce que la durée excessive de la journée du travail est cause d'une surproduction d'où résultent des chômages et un avilissement des salaires ; les autres parce qu'elle entraîne pour eux la difficulté ou même l'impossibilité de fabriquer certains articles au même prix de revient.

« En raison des faits signalés ci-dessus, la Commission départementale de l'Aube a étudié la question et vous propose d'émettre les vœux suivants, qu'elle a adoptés à l'unanimité :

« 1° Dans sa séance du 24 octobre, le Congrès des Commissions départementales tenu à Moulins, émet le vœu que le travail à domicile soit réglementé d'une façon rigoureuse et efficace, principalement pour le travail exécuté par des façonniers pour le compte de commerçants ou fabricants.

« Se basant sur les faits constatés par lui, il insiste particulièrement sur les points ci-après :

« 2° Que l'exception dont jouit l'atelier de famille, soit supprimée ; que les lois existantes (lois de 1848, 1892, 1898 et 1900) soient applicables, en toutes leurs parties, à tous les ateliers, sans distinction, fonctionnant par moteur mécanique, c'est-à-dire que soit abrogée la disposition finale de l'article 1er de la loi de 1892-1893, qui spécifie que les ateliers de famille ne seront astreints qu'à certaines mesures concernant l'hygiène et la sécurité ;

« 3° Que tout patron, commerçant ou entrepreneur, occupant des personnes en dehors de la fabrique ou du magasin, établisse et tienne à jour une liste indiquant : le nom et l'adresse de ces personnes, la désignation des locaux où elles travaillent, le nombre et la nature des machines occupées. Cette liste sera envoyée à l'Inspection du Travail le 1er janvier de chaque année et communiquée à toute réquisition ;

« 4° Que le patron ou commerçant soit responsable, tout au moins civilement, des contraventions commises par le façonnier ; qu'il soit pénalement responsable lorsque les locaux et le matériel lui appartiendront ou lorsqu'il aura connu la contravention ;

« 5° Que les mesures nécessaires soient prises pour assurer un contrôle efficace : augmentation du nombre des Inspecteurs de façon à diminuer de moitié la quantité d'établissements à visiter ; droit d'entrée pour les Inspecteurs à toute heure du jour et de la nuit ;

« 6° Qu'il soit bien spécifié que la réglementation du travail s'appliquera non seulement aux membres de la famille, mais même au chef de famille travaillant pour le compte d'un fabricant central ;

« 7° Que les dispositions sur le repos hebdomadaire (article 5 de la loi de 1892) soient étendues aux hommes adultes, conformément au projet de loi déjà voté par la Chambre, et soient appliquées aux ateliers de famille ;

« 8° Qu'il soit interdit aux patrons de donner aux ouvrières et ouvriers, occupés à leur usine dans la journée, du travail pour faire à domicile une fois la journée faite ;

« 9° Qu'il soit bien spécifié que, dès qu'il y a un étranger, l'atelier de famille devient un atelier ordinaire, la nuit comme le jour et le dimanche également ;

« 10° Que le travail de nuit soit complètement supprimé pour tous les adultes, exception faite pour les industries qui exigent un travail ininterrompu.

« Pour terminer, Messieurs, je vous dirai que le vœu concernant l'assimilation des ateliers de famille aux établissements industriels, a reçu de la Commission supérieure du Travail un avis favorable que j'espère retrouver ici de la part de tous les congressistes. »

M. le Président demande si quelqu'un désire la parole.

M. Bresson, délégué de Vichy, déclare considérer comme un abus de vouloir empêcher ou limiter les droits du père sur son enfant et, en même temps, il déclare ne pas s'associer à une mesure qui porterait atteinte à la liberté individuelle et qui, conséquemment, favoriserait la violation du domicile.

M. Lemasson dit que ce qui a amené les membres de la Commission départementale de l'Aube à adopter le vœu en discussion, c'est un principe égalitaire au premier chef. En même temps, il profite de ce qu'il a la parole pour mettre au point les choses attaquées par l'orateur précédent.

Il dit qu'à la Commission de l'Aube, les deux fractions industrielles (patrons et ouvriers), se sont trouvées d'accord pour réclamer l'assimilation des ateliers de famille aux établissements industriels, cette union démontre suffisamment la concurrence déloyale faite par les façonniers, privilégiés, puisque la loi les favorise en frappant les industriels et en les réglementant, tout en fermant docilement les yeux sur les agissements des autres, comme s'ils n'existaient pas.

Par suite de cette illégalité, ces façonniers n'ayant pas

de limites pour leur production, contribuent à une telle surproduction, que les prix de vente sont insoutenables pour les fabricants réglementés; de là l'absence de commande pour le patron et le chômage pour l'ouvrier de la ville.

Si le patron veut faire produire quand même son matériel, il se met en concurrence avec les façonniers, et, pour lutter efficacement, c'est la main-d'œuvre des ouvriers de la ville qui est frappée.

M. Bresson, tout en prenant en considération les raisons émises par le délégué de l'Aube, revient à la liberté du père de famille, à laquelle il attache un grand prix.

Sa manière de voir est partagée par M. Berteaux, délégué de Dijon.

Tour à tour, les délégués de Sens, d'Auxerre et un délégué de Vichy soutiennent que les pères de famille exploitent davantage leurs enfants qu'on ne le fait dans les établissements industriels. Le délégué de Sens donne, comme preuve de ce qu'il avance, un fait qu'il a constaté à Saint-Maurice-aux-Riches-Hommes, où toute la journée (24 heures), les machines fonctionnent, conduites à tour de rôle par le père et les enfants.

A ce moment, la discussion est chaude et générale.

M. Lemasson demande la parole.

Il se déclare confondu de voir l'acharnement que quelques délégués mettent à soutenir la cause qu'il défend, à peine s'il peut obtenir la parole pour exposer les arguments qui ont milité pour l'adoption du vœu, aussi les remercie-t-il. Profitant de ce qu'il a la parole, il tient à dire quelques mots au sujet de la liberté du père de famille. A son avis, il est toujours dangereux, pour conserver la liberté aux uns, de porter atteinte à l'existence des autres, il ne comprend pas qu'une catégorie de privilégiés fasse souffrir d'autres citoyens. Il est partisan de la liberté autant que quiconque, mais faut-il que cela ne nuise pas à ceux qui demandent la liberté de vivre en travaillant.

En ce qui concerne l'autorité du père de famille sur les enfants, c'est un argument qui ne résiste pas à l'examen. En effet, le père de famille qui jette son enfant à l'usine, a-t-il le droit de l'envoyer travailler et de lui faire quitter son travail quand ça lui plait ? Non, la journée étant limitée, il ne peut pas travailler actuellement plus de dix heures et demie. Quand à travailler moins, la discipline de l'atelier l'en empêche. Comme vous le voyez, il n'y a que dans les ateliers de famille que la volonté du père s'exerce sur ses enfants. Et, malheureusement, ces enfants non protégés, sont exploités d'une façon spéciale.

A ce moment, tout semble avoir été dit, et M. le Président demande si quelqu'un désire encore la parole.

Personne ne répond.

M. le Président met aux voix le passage à la discussion des articles. Il est voté par 14 contre 4.

M. le Président déclare qu'il va inviter l'Assemblée à examiner, paragraphe par paragraphe, les vœux présentés.

Comme il n'y a pas d'opposition, il est procédé de la sorte :

§ 1er. — *Dans sa séance du 24 octobre, le Congrès des Commissions départementales, tenu à Moulins, émet le vœu que le travail à domicile soit réglementé d'une façon rigoureuse et efficace, principalement pour le travail exécuté par ces façonniers pour le compte de commerçants ou fabricants.*

Personne ne demandant la parole, il est adopté.

2. — *Que l'exception dont jouit l'atelier de famille soit*

supprimé; que les lois existantes (lois de 1848, 1892, 1898 et 1900) soient applicables, en toutes leurs parties, à tous les ateliers, sans distinction, fonctionnant par moteur mécanique, c'est-à-dire que soit abrogée la disposition finale de l'article 1er de la loi de 1892-1893, qui spécifie que les ateliers de famille ne seront astreints qu'à certaines mesures concernant l'hygiène et la sécurité.

Personne ne demandant la parole, adopté à l'unanimité moins 4 voix.

§ 3. — *Que tout patron, commerçant ou entrepreneur, occupant des personnes en dehors de la fabrique ou du magasin, établisse et tienne à jour une liste indiquant : le nom et l'adresse de ces personnes, la désignation des locaux où elles travaillent, le nombre et la nature des machines occupées. Cette liste sera envoyée à l'Inspection du Travail le 1er janvier de chaque année et communiquée à toute réquisition.*

Personne ne demandant la parole, adopté.

§ 4. — *Que le patron ou commerçant soit responsable, tout au moins civilement, des contraventions commises par le façonnier; qu'il soit pénalement responsable lorsque les locaux et le matériel lui appartiendront ou lorsqu'il aura connu la contravention.*

M. Chevalier, président du Conseil de Prud'hommes à Moulins, demande au délégué de l'Aube ce qu'il entend par ce paragraphe.

M. Lemasson dit que la Commission de l'Aube a tenu à rendre responsable le patron ou le commerçant, parce que, généralement, c'est lui qui commande au façonnier le surmenage auquel il s'astreint. Bien souvent le patron apporte au façonnier une commande qu'il exige en moins de temps qu'il en faudrait, si l'ouvrier travaillait normalement.

M. Roland, délégué de Nevers, craint qu'on rende le patron, à qui appartient le matériel, responsable, quand il se peut que ce soit un autre, si le façonnier travaille pour plusieurs.

M. Lemasson déclare que la crainte du délégué de Nevers n'est pas possible, car un patron n'endosserait pas facilement le délit d'un autre et qu'au surplus le façonnier ne reçoit des machines d'un patron qu'à la condition qu'il ne fabrique que pour lui.

La discussion est close et le paragraphe 4 est adopté à l'unanimité, moins 2 voix.

§ 5. — *Que les mesures nécessaires soient prises pour assurer un contrôle efficace : augmentation du nombre des inspecteurs de façon à diminuer de moitié la quantité d'établissements à visiter ; droit d'entrée pour les inspecteurs à toute heure du jour et de la nuit.*

M. Berteaux, de Dijon, en ce qui concerne l'augmentation du nombre des inspecteurs, croit que ceux-ci ne sont pas toujours à la hauteur de leur tâche ; si ce service était fait par des citoyens ayant vécu de la vie de l'atelier, le service serait fait plus justement et avec plus de connaissance, aussi préconise-t-il que l'augmentation des inspecteurs à laquelle il s'associe, se fasse au moyen d'auxiliaires ouvriers.

M. Lapeyre, ingénieur, dit que les inspecteurs n'ont pas toujours les qualités nécessaires pour discerner les infractions à l'usine. En terminant, il se déclare partisan de la création d'inspecteurs ouvriers que l'on pourrait désigner sous le vocable « contrôleurs du travail ».

MM. Leroux, d'Auxerre, et Lauzet s'associent au langage tenu par M. Lapeyre.

M. Gouly, vice-président du Conseil de Prud'hommes

de Moulins, demande par qui ces inspecteurs ouvriers seront nommés ?

M. Lapeyre fait connaître que le soin de choisir ces nouveaux « contrôleurs » ne saurait incomber ni aux ouvriers qui ne sont pas syndiqués, ni à ceux qui le sont, car ce serait aller à l'encontre de l'idée de justice et d'harmonie sociale. Le Congrès s'étant déclaré partisan de l'augmentation du service d'inspection, M. E. Lapeyre propose que les contrôleurs ouvriers pourraient être désignés au choix du Gouvernement, par les Commissions départementales du travail et après un concours, étant bien spécifié que les matières sur lesquelles porterait l'examen d'aptitude seraient soigneusement expurgées du *fatras pédagogique*.

Les ouvriers, ainsi admis, entreront en collaboration avec les inspecteurs du travail et ils prendront le titre de « contrôleurs » du travail.

Le traitement des contrôleurs sera fixé et payé par l'Etat.

M. Palletan dit qu'il regrette que la Commission d'Alençon ne soit pas représentée ici : cependant, il a reçu d'un de ses collègues, M. Fouchet, *secrétaire*, un vœu identique dont il donnera lecture si le Congrès le permet.

Le Congrès en accepte la lecture, mais à titre absolument documentaire :

« Que les ouvriers soient appelés à désigner, par voie d'élection, dans chaque canton, un aide-inspecteur *non retribué* qui aura pour mission de surveiller l'application des lois ouvrières, de recueillir tous les renseignements s'y rapportant, de prévenir les patrons qui y contreviendraient et d'entretenir, avec l'Inspection et les Commissions départementales du travail, une correspondance suivie de renseignements, et d'établir un rapport d'ensemble chaque année. »

L'auteur de ce vœu l'a basé sur les considérations suivantes : Sans se dissimuler sa difficulté d'application, sans être absolument hostile à ce qu'une rétribution soit accordée aux inspecteurs ouvriers, il estime que les difficultés budgétaires que ne peut manquer de soulever la création de ce service d'inspecteurs-adjoints, est un obstacle à la réalisation immédiate de ces *desiderata* fréquemment exprimés par les organisations ouvrières ; il est convaincu que les groupements ouvriers qui ont reconnu la nécessité de faciliter et de développer le service de l'inspection, sauront trouver les mandataires suffisamment indépendants et animés des sentiments d'impartialité et de dévouement que ces délicates fonctions exigent ; que ces inspecteurs, mandataires des ouvriers, aient au même titre que les conseillers prud'hommes, le renouvellement de leur mandat par périodes de trois années, car le contrôle auquel les soumet leur réélection est la garantie la plus certaine pour assurer aux intéressés l'application des lois créées en faveur des travailleurs ; qu'enfin, leur rôle se bornerait d'abord à un service de renseignements et d'études ayant surtout pour but de faire connaître les lois, d'en assurer l'exécution, sans aucune mission coercitive. La constitution de ce service, ainsi compris, est immédiatement réalisable par une loi qui serait ensuite facilement modifiable avec l'expérience de quelques années.

Personne ne demandant plus la parole, M. le Président met aux voix le paragraphe 5 qui est adopté avec l'addition comprise dans l'alinéa précédent.

Les paragraphes 6, 7, 8, 9, 10 sont adoptés sans discussion.

L'ensemble est mis aux voix et adopté.

M. Lemasson, au nom de la classe laborieuse, remercie les congressistes du vote qu'ils viennent d'émettre.

L'ordre du jour appelle le vœu présenté par M. le docteur Bruel, membre de la Commission de Moulins.

M. Bruel s'exprime ainsi :

« Messieurs,

« Je propose que, dans tous les ateliers, ceux d'hommes et de femmes, le temps donné pour le déjeûner de onze heures soit uniformément, pour tous, de une heure et demie.

« Voici les raisons qui motivent l'émission de ce vœu et que tous les médecins ont pu constater :

« Beaucoup d'ouvriers et d'ouvrières viennent consulter le médecin, accusant des maux d'estomac, se plaignant de digestions pénibles, et, dans un grand nombre de cas, c'est après le déjeûner que ces indispositions paraissent avoir leur maximum d'intensité.

« Dans l'interrogation de ces malades, le plus souvent, on constate l'éloignement de l'atelier au logement où l'ouvrier et l'ouvrière vont prendre leur repas.

« Dans un certain nombre de cas, non seulement il y a un long parcours à faire, mais encore, soit que l'ouvrier ne soit pas marié, ou qu'il soit veuf, il faut que lui ou sa fille, sortant aussi de l'atelier, allume le feu et fasse le déjeûner, le prépare en un temps aussi court qu'une heure pour tout faire, aller, préparation du repas, prise de ce même repas et retour à l'atelier.

« Quel temps reste-t-il alors pour prendre le repas et pour la digestion ? et comment un tel repas est-il préparé ?

« C'est principalement chez les jeunes filles que cet état est préjudiciable à la santé ; un grand nombre d'entre elles sont et deviennent chlorotiques, à la suite de cette précipitation dans la prise du repas du milieu du jour.

« Ces jeunes filles, rentrant à l'atelier, sont alors courbées sur le travail. L'estomac se trouve comprimé, la digestion devient pénible. L'assimilation de la nourriture se fait mal, la jeune fille pâlit, s'affaiblit, perd son énergie. C'est un terrain préparé pour la tuberculose.

« Si, au contraire, au lieu d'une heure seulement pour le déjeûner, une heure et demie est accordée, nous ne verrons plus, à onze heures, ouvriers et ouvrières courir, à l'aller et au retour, pour prendre leurs repas, souvent le préparer, et ne pas manquer l'heure du retour à l'atelier.

« Avec une heure et demie, il y aura moins de hâte pour se rendre au logis. Il y aura plus de temps pour préparer et prendre le repas.

« Le retour à l'atelier pourra moins être précipité, plus lent si on revient directement, ou bien, permettra une petite promenade, qui, facilitant le travail de l'estomac, en hâte la digestion et la rend plus facile et plus complète.

« Avec une heure et demie, arrivé à l'atelier, on est plus dispos, le travail est plus facile, l'assimilation se fait mieux et les couleurs qui avaient déserté les lèvres des jeunes filles, reparaissent avec leur teinte rosée, et la gaité de l'âge, qui est la conséquence d'une bonne santé.

« La résistance aux maladies est augmentée, et l'on sait que les maladies trouvant un terrain favorable, s'emparent toujours de sujets affaiblis.

« Voici, brièvement, les raisons qui vous ont fait voter dans une précédente séance, cette proposition : de la génération à tous, de ce qui existe déjà dans un certain nombre d'ateliers ; de la substitution pour le déjeûner de onze heures, de *une heure et demie* à une heure, temps reconnu trop court, pour l'aller et le retour, et la prise de déjeûner.

« Bruel Léon,

« *Vice-président du Conseil d'hygiène.* »

Le Secrétaire de la Commission de l'Allier donne connaissance au Congrès des nombreux établissements qui ont adopté ce mode de faire.

Personne ne demandant la parole, ce vœu est adopté à l'unanimité.

On passe à l'examen d'un vœu présenté par M. Palletan, secrétaire de la Commission départementale du Travail de Moulins, tendant à assurer l'hygiène et la sécurité des travailleurs dans les établissements industriels :

« Messieurs,

« Dans notre séance du 12 juillet 1901, j'émettais un vœu, concernant l'emploi de la femme compositrice dans l'imprimerie, en me basant sur l'hygiène.

« Je manquerais à mon devoir si je ne m'occupais que de cette catégorie de travailleurs et j'étends ma proposition à l'hygiène et à la sécurité des travailleurs dans l'industrie.

« Je sais que, dans la dernière législature, la Chambre des députés et le Sénat se sont beaucoup occupés de cette très intéressante question.

« Aussi, dans ses séances des 3 et 6 février 1902, la Chambre des députés votait-elle, sur la demande de M. Millerand, Ministre du commerce, un projet de loi portant modification de la loi du 12 juin 1893, sur l'hygiène et la sécurité des travailleurs dans les établissements industriels et ayant pour but, absolument légitime, d'accorder la protection de cette loi aux employés de commerce et aux ouvriers de l'alimentation.

« Transmis au Sénat, ce projet a été l'objet d'un rapport de M. Paul Strauss ; l'honorable sénateur de la Seine concluait à l'adoption du texte voté par la Chambre, en regrettant vivement que ce projet n'ait pas reçu, avant la fin de la dernière législature, la ratification du Sénat.

Nous espérons qu'il sera voté par l'Assemblée du Luxembourg dans le plus bref délai.

« Ce projet de loi fut déposé ensuite au Sénat par M. Millerand, Ministre du Commerce et de l'Industrie, dans sa séance du 13 février 1902.

« Qui donc, Messieurs, a créé ce mouvement d'opinions sur l'hygiène des travailleurs, si ce ne sont les nombreuses plaintes portées au Parlement par la voix de nos représentants, lesquels se sont eux-mêmes inspirés des revendications des syndicats, des nombreux articles des journaux, et aussi des vœux émis par les Commissions du travail et par la Commission d'hygiène industrielle du Ministère du commerce ? Cette dernière, instituée par un arrêté en date du 11 décembre 1900, a commencé ses travaux en examinant l'élaboration des règlements particuliers relatifs à l'emploi des dérivés du plomb dans l'industrie.

« Nous savons que, afin de s'éclairer, elle a déjà fait de minutieuses recherches dans le monde des travailleurs, et que ses nombreuses enquêtes, portant sur une série de professions déjà signalées par les hygiénistes, ont été développées et réunies dans un ouvrage intitulé les « Poisons industriels » ouvrage très complet publié par *l'Office du Travail*, sous la direction de M. Arthur Fontaine.

« A côté des lois générales, il en existe d'autres qui constituent pour les travailleurs une protection nécessaire et qui mettent en cause non seulement leur responsabilité mais encore celle de leur patron.

« Quoique les industries deviennent de jour en jour plus prospères, nombreuses encore sont celles qui transmettent aux ouvriers les germes de la maladie ou de la mort. L'action des poisons industriels se fait de plus en plus sentir sur les corps et les esprits. Chaque jour les hommes de science tâchent de trouver un remède à la dépopulation, et souhaitent de voir s'accroître les familles des travailleurs qui n'ont déjà que le strict nécessaire pour élever leurs progénitures : eh bien ! permettez-moi de dire que ces hommes de science trouveraient, là surtout, l'un des grands fléaux de l'Humanité.

« Tel est, précisément, Messieurs, le but de l'hygiène. C'est du 12 juin 1893, que date la loi sur l'hygiène des travailleurs. Cette loi prévoyait des règlements d'administration publique, les uns généraux, les autres spéciaux ; les premiers ont été en partie promulgués, mais les autres sont à l'étude, et c'est dans ces derniers que je ferai rentrer ceux qui concerne la femme compositrice.

« Cette loi a présenté de graves difficultés, car il ne suffit pas d'obliger un patron à prendre des dispositions vis-à-vis de ses ouvriers, il faut également que l'ouvrier lui-même apporte son concours au patron ; c'est en somme une collaboration mutuelle entre patrons et ouvriers qu'il faut établir pour réglementer et même, en certain cas, prohiber l'emploi des poisons industriels.

« Je voudrais qu'il soit donné la plus grande publicité possible au livre de M. Arthur Fontaine, pour que chaque ouvrier, chaque patron en prenne connaissance ; je voudrais leur dévoiler exactement l'action néfaste de ces poisons.

« Certes, la lecture de cet ouvrage est longue, et, s'il fallait relever ici toutes les industries qui emploient les matières toxiques, autant vaudrait rééditer le volume en question ; qu'il me suffise de vous dire que, parmi les poisons utilisés dans l'industrie, le plomb vient en première ligne. Les professions qui engendrent le saturnisme, sont de beaucoup les plus nombreuses : on en compte 121 ; puis vient le mercure employé seulement dans 25 métiers ; l'énumération se poursuit ainsi d'un bout à l'autre de ce livre.

« Dans le cas de l'empoisonnement par le plomb, qui fait l'objet de ce rapport, vous observerez les symptômes suivants : la peau jaunit, la salive prend une saveur sucrée, le corps n'est pas seul à subir les atteintes du poison, l'esprit s'en ressent également ; enfin, si les malades ont des enfants, les enfants de ces « saturnins » c'est-à-dire de ces victimes de l'empoisonnement par le plomb, seront, tôt ou tard, presque inévitablement frappés par la terrible tuberculose.

« Je crois que certaines de ces maladies se guérissent ; chaque jour la médecine fait de nombreux progrès ; mais enfin, il n'en est pas moins vrai que, si elle peut soulager une partie de ces affections, l'hygiène peut aussi les prévenir.

« Je le répète, c'est autant le devoir des ouvriers que celui des patrons, de se mettre en garde contre ce terrible fléau en appliquant, dans notre intérêt, les règles d'hygiène indiquées par la science.

« Mais cela ne suffit pas ; il faut aussi que nos législateurs s'inspirent de ces mesures d'hygiène, il faut qu'ils prennent l'avis autant du patron que de l'ouvrier, afin d'éviter des conflits. Si la loi nous donnait satisfaction, elle serait bienfaisante, car elle assurerait aux travailleurs la santé.

« Ce je que viens de dire, Messieurs, concerne l'hygiène des travailleurs en général. Si nous considérons spécialement l'imprimerie, vous verrez qu'il y a nécessité d'entreprendre une campagne contre le saturnisme dans la typographie, en vue de faire établir par la loi, des règles d'hygiène spéciales à notre métier.

« Les maladies de poitrine, et notamment de la tuberculose, font parmi nous de véritables ravages.

» Je vous ai indiqué, précédemment, les dangers auxquels s'expose l'homme qui manipule le plomb ou ses dérivés.

« Combien est plus grave et plus dangereux l'entrée de la femme dès l'âge de 13 et même 12 ans, dans les ateliers de composition !

« La femme joue dans l'industrie un rôle de plus en plus grand, mais il est à regretter que cette industrialisation ait pour conséquence de ravir la fille, la mère et l'épouse, au foyer domestique du travailleur, car souvent les liens les plus chers sont ainsi brisés.

« Cet état de choses donne aussi naissance à un grave problème social :

« Qu'on le veuille ou non, dans l'organisation sociale actuelle et pour les métiers où la femme fait concurrence à l'homme, le travail de la femme fait souvent baisser le salaire de l'homme ; en effet, il est indéniable que la femme est exploitée dans beaucoup de métiers et notamment dans le nôtre.

« Nous voudrions que, par des dispositions légales, les industriels qui emploient des femmes, ne puissent plus le faire pour ce motif, qu'ils les paient moins que des hommes ; nous voudrions que la loi prescrivit que, pour un travail égal, la femme reçoive un salaire égal à celui de l'homme.

« Mais ne devons-nous pas, Messieurs, au nom de l'hygiène, dans l'intérêt de la race et par tous les moyens dont nous disposons, sauvegarder la santé des femmes qui viennent se jeter dans la mêlée dès l'âge de 12 à 13 ans et s'exposer aux maladies les plus redoutables ?

« Il serait très long et il me faudrait mieux faire un rapport spécial pour vous définir les dangers d'intoxication saturnine et d'étiolement que présentent les ateliers de composition, par suite de l'air confiné dû, en majeure partie, à la poussière des casses ; et, il ne me serait pas difficile d'obtenir des certificats de médecins, sur la santé des typographes hommes et surtout des compositrices.

« Permettez-moi, Messieurs, de vous donner maintenant quelques extraits du volume de l'*Office du Travail* sur les « Poisons industriels » *ayant trait tout spécialement à l'imprimerie :*

Poisons industriels.

(Publication de l'*Office du Travail*. — Paris, Imprimerie nationale 1901).

Extraits concernant l'Imprimerie.

Pages 12 et 13. — Tableau synoptique des professions où les ouvriers se trouvent exposés à l'intoxication saturnine ou intoxication par le plomb (du Docteur LAYET).

Le tableau contient 111 professions parmi lesquelles :

75. — *Imprimeurs-Typographes*. — *Compositeurs*. — Travail des casses ; nettoyage des casses ; absorption (du plomb) par l'habitude de tenir les caractères entre les lèvres ; crasses digitales ; inhalation de poussières.

76. — *Journalistes-Correcteurs*. — Maniement des journaux fraîchement imprimés avec l'encre à la litharge ; absorption buccale par les doigts imprégnés.

77. — *Lithographes*. — Manipulation de couleurs plombiques ; fabrication d'étiquettes commerciales glacées à la céruse ; absorption buccale par les doigts imprégnés.

Pages 14 et 15. — Nombre de saturnins admis annuellement dans les hôpitaux de Paris de 1894 à 1898, d'après les relevés du Docteur Armand GAUTIER :

	Nombre de saturnins.	Morts.	Typographes malades.
Année 1894. . .	372	12	9
— 1895. . .	301	28	»
— 1896. . .	301	14	3
— 1897. . .	360	20	2
— 1898. . .	218	12	2
	1.552	86	16 (1)

(1) Dont un est mort.

. . . .

Pages 17 et 18. — *Angleterre.* — Relevé des saturnins dans les industries manipulant le plomb (l'imprimerie ne figure pas dans ces industries, mais il est important de comparer les ravages du saturnisme sur l'homme et sur la femme) :

	Hommes	Femmes.
Nombre d'ouvriers	3.123	1.580
En 1896, 1897 et 1898 : cas de plombisme.	478	607
Proportion pour 100.	15	38

Ainsi, en Angleterre, dans les industries manipulant le plomb et ses composés, et à ce titre particulièrement dangereuses, on a constaté que 15 pour 100 des hommes ont été atteints de saturnisme alors que, pour les femmes, la proportion s'est élevée à 38 p. 100, soit plus du double.

. . . .

Pages 28 et 29. — *B. Industries employant le plomb.*

6° Typographes.

Parmi les ouvriers qui sont soumis aux dangers de l'intoxication saturnine par le fait du maniement direct du plomb-métal, il faut classer les typographes et l'on est en droit de considérer l'absorption plombique comme un facteur important dans la fréquence et la gravité des maladies de poitrine, de la phtisie en particulier, et des affections nerveuses, chez ces ouvriers.

Il est certain que les ateliers de typographie sont presque tous des plus insalubres, qu'on peut y relever de nombreuses causes de viciation de l'atmosphère et parmi elles la diffusion des poussières plombiques.

Dans un atelier de 40 ouvriers, l'Inspecteur des fabriques de Lemberg en Autriche, a reconnu que la poussière d'un casier contenait 16 p. 100 de plomb, que la poussière recueillie sur des objets disposés à une hauteur assez considérable, 2 à 5 mètres contenant 0,24 à 0,37 p. 100 de plomb.

L'analyse des poussières de l'air dans les imprimeries de Berlin a donné les résultats suivants : dans l'imprimerie de l'État, l'échantillon prélevé à une hauteur de 10 centimètres du plancher a donné 0,89 p. 100 de plomb ; sur le composteur, à 52 centimètres au-dessus du plancher, il y en avait 1,73 p. 100 ; sur un autre meuble, à 2m25 du plancher, 0,62 p. 100. En moyenne, la poussière d'imprimerie contient 1,6 p. 100 de plomb.

Ces poussières proviennent du maniement et du frottement des lignes. Les mains des ouvriers en sont donc imprégnées et on comprend que, s'ils n'ont pas la précaution de se laver les mains et de se nettoyer les ongles après leur travail, avant de prendre leurs repas, s'ils négligent de quitter leurs blouses de travail à la sortie de l'atelier, ils courent les plus sérieux dangers d'intoxication. Beaucoup d'entre eux ont l'habitude de déposer leurs cigarettes sur le bord des casses et peuvent, de cette façon, absorber une certaine quantité de poussière plombique.

Mais les ouvriers les plus exposés sont ceux qui sont préposés au nettoyage des casses.

Dans une brochure qu'il a publiée sur l'hygiène professionnelle des compositeurs-typographes, M. le docteur Choquet a signalé chez eux, au bout d'un temps généralement assez long, un affaiblissement de la sensibilité digitale quelquefois accompagné de tremblements musculaires limités aux parties agissantes et qui s'exaspèrent par la fatigue à la fin de la journée. A un degré plus avancé, surviennent des fourmillements dans les doigts, précurseurs de la paralysie des extenseurs.

Les précautions à prendre pour éviter l'intoxication plombique chez les ouvriers typographes sont celles qui ont été indiquées déjà précédemment. Elles peuvent se résumer ainsi :

Aération des ateliers, nécessité pour les ouvriers, de soins de propreté des mains, des bras, du visage après le travail, nécessité de ne pas sortir avec les vêtements d'atelier, défense de prendre les repas dans les ateliers et de déposer sur les casses les objets pouvant être portés à la bouche, cigarettes, crayons, etc.

. . . .

Page 60. — Opinion du Docteur POINCARÉ. — « Comme boisson préventive, on a également conseillé l'usage du lait, de limonades magnésiennes, la meilleure boisson est encore une *infusion de café étendue d'eau* ».

. . . .

Il convient donc de rappeler qu'il *n'existe pas d'antidote du plomb* et que les ouvriers se trompent complètement quand ils croient se mettre à l'abri du danger en buvant soit du lait, soit du café, soit de la limonade pendant qu'ils sont occupés à un travail dangereux.

Page 337. — *Allemagne.* — Ordonnance du 31 juillet 1897, rendue par le Gouvernement allemand concernant l'établissement et l'exploitation des imprimeries et fonderies de caractères.

Extraits.

8° Les casses renfermant les caractères doivent être nettoyées avant d'être employées et aussi longtemps qu'on s'en sert, et, en tous cas, deux fois par an ;

Le soufflage ne peut se faire qu'au moyen d'un soufflet, et à l'air libre, et il ne peut jamais être confié aux jeunes ouvriers ;

9° Dans les locaux il doit y avoir des crachoirs remplis d'eau renouvelée chaque jour, dans la proportion minima d'un pour cinq personnes. — Les chefs d'industries doivent défendre de cracher par terre.

. . . .

11° Les vêtements enlevés pendant le travail doivent être serrés en dehors de l'atelier. On ne peut les ranger à l'intérieur des locaux que s'il y a moyen de les garantir contre la pénétration des poussières, dans des armoires à fermeture, ou qui soient garnies de rideaux qui le recouvrent entièrement. Les armoires doivent rester fermées pendant toute la durée du travail.

L'ordonnance stipule, dans l'article 3, que les ateliers de composition devront fournir 10 mètres cubes d'air au minimum pour chaque typographe et que la hauteur du plafond doit être de 3 mètres.

Page 361. — *Suisse.* — Instruction du Gouvernement fédéral pour prévenir le dangers de maladie dans les imprimeries et les fonderies de caractères.

1° Chaque atelier doit contenir au moins 12 mètres cubes d'air par ouvrier ;

2° Le plancher doit être compact et uni, partout où ce ne sera pas le cas, on fera en sorte, au moyen de vernis ou de carrelage, qu'il puisse être facilement lavé et débarrassé de toute poussière ;

3° Les parois doivent pouvoir être lavées ou badigeonnées. Dans le premier cas, on les lavera deux fois par an, dans le deuxième cas, elles seront badigeonnées à nouveau une fois par année ;

4° Les pupitres et les rayons doivent être en contact immédiat avec le plancher ou se trouver à une hauteur suffisante pour que le sol puisse être nettoyé sans difficulté ;

5° Les planchers doivent être nettoyés à l'eau chaque jour et le mobilier, les croisées, les saillies et tous les objets accessibles à la poussière doivent être lavés deux fois par semaine ;

6° A midi et le soir on aérera de fond en comble les ateliers. En outre, on veillera à ce que l'air soit renouvelé d'une façon continue ;

7° L'époussetage des casses ne doit s'effectuer qu'en plein air ;

8° (Fondeurs en caractères). . . . .

9° On veillera à ce que les lavabos soient installés en des endroits convenables ; du savon et un essuie-main propre seront mis, chaque semaine, à la disposition des ouvriers ;

10° Il est expressément interdit de cracher sur le plancher. Les crachoirs seront constamment pleins de sable humide et ils devront être vidés soigneusement. Ils seront installés en nombre suffisant ;

11° On ne tolérera pas que l'on fume dans les ateliers ;

12° Dans les locaux où des poussières de plomb peuvent se dégager, les boissons seront conservées dans des récipients couverts, et les aliments, bien enveloppés, seront enfermés dans une armoire spéciale ou un tiroir à fermeture hermétique ;

13° Avant de manger, on se lavera les mains ;

14° Tous les ouvriers manipulant un métal contenant du plomb doivent revêtir des habits de travail supplémentaires. Les vêtements qu'ils enlèvent doivent être entreposés dans des armoires fermées ou en dehors des ateliers ;

15° Les prescriptions ci-dessus seront affichées dans tous les ateliers.

« N'est-il pas navrant de lire un tel exposé, et croyez-vous qu'en écartant de notre métier les jeunes filles de 12 à 16 ans, voire même 18, nous ne ferions pas œuvre utile ?

« N'est-il pas temps de prendre des mesures d'hygiène spéciale à notre métier ? Ces mesures, je le répète, auraient à combattre les deux causes essentielles du mal : l'air confiné, c'est-à-dire ordonner l'aération renouvelée plusieurs fois chaque jour des ateliers ; la poussière des casses, dont il serait facile d'éviter l'absorption par les ouvriers, en exigeant un nettoyage et un soufflage fréquent exécuté en plein air. Ajoutez le blanchiment annuel des murs, le lavage des mains, l'interdiction absolue de manger dans les ateliers, de mettre les lettres dans la bouche, de remplacer le balayage ordinaire par un nettoyage avec des linges mouillés, etc., etc.

« Telles sont, dans leurs grandes lignes, les mesures d'hygiène à prendre pour notre profession !

« Les Pouvoirs publics ont déjà fait beaucoup en faveur de la femme et des enfants employés dans l'industrie. Ils ont successivement donné : la loi du 2 novembre 1892, complétée par la loi du 30 mars 1900, réglant la durée du travail, le repos hebdomadaire et interdisant, en principe, le travail de nuit ; la loi du 12 juin 1893 sur l'hygiène.

« La loi du 29 décembre 1900 sur les sièges que les commerçants doivent mettre à la disposition des femmes qu'ils emploient.

« La loi de 1892 interdit le travail de nuit ; or, quelle n'a pas été notre surprise d'apprendre que Mlle Bonnevial, rédactrice à la « *Fronde* » a proposé au Conseil supérieur du Travail d'émettre un vœu autorisant les Femmes à travailler la nuit dans les professions non dangereuses (?) pour leur santé..... Cette dame qui se dit socialiste-révolutionnaire, fait là une besogne parfaitement réactionnaire. Et ce qui aggrave son cas, c'est qu'elle n'agit que dans l'intérêt personnel de la « *Fronde.* »

« Aux yeux de Mlle Bonnevial, l'intérêt et la santé des milliers de femmes occupées dans l'industrie doivent être sacrifiées à la fantaisie et au caprice d'une douzaine de femmes parisiennes qui veulent publier un journal.

« Croyez-vous, Messieurs, que les Pouvoirs publics doivent tolérer un pareil état de choses ? Quel est celui d'entre vous qui voudrait laisser passer cette proposition sans protester énergiquement ? Pour ma part, j'ose dire que les Pouvoirs publics ne pourraient pas donner satisfaction à la « *Fronde* » sans commettre une mauvaise action.

« Si nous voulons, selon la poétique expression de notre collègue M. le docteur Bruel « que l'ouvrière ait toujours le sourire aux lèvres et la gaîté au cœur », il faut obtenir du gouvernement républicain de nouvelles mesures protectrices de la santé et de l'hygiène des travailleurs en général et des ouvrières en particulier.

« Dans ce but, Messieurs, j'ai l'honneur de vous proposer les vœux suivants :

« 1° Interdiction absolue de faire travailler, dans la typographie, des filles de moins de 16 ans ;

« (A cet effet, inscription de la typographie dans le tableau C du décret du 13 mai 1893). (1)

« 2° A seul fin d'éviter, dans la mesure du possible, le saturnisme et les funestes effets des matières plombiques, j'émets le vœu : qu'un décret édictant des mesures d'hygiène spéciales à la typographie soit pris par le ministre compétent, par application du 2e paragraphe de l'article 3 de la loi du 12 juin 1893 ; (2)

« 3° Que les patrons et les ouvriers soient représentés dans les Commissions d'hygiène ;

(1) Art. 13. — Les femmes, filles et enfants ne peuvent être employés dans des établissements insalubres ou dangereux, où l'ouvrier est exposé à des manipulations ou à des émanations préjudiciables à la santé, que sous les conditions spéciales déterminées par des règlements d'administration publique pour chacune de ces catégories de travailleurs.

(2) Art. 3. — Des règlements d'administration publique, rendus après avis du Comité consultatif des arts et manufactures, détermineront :

1° Dans les trois mois de la promulgation de la présente loi, les mesures générales de protection et de salubrité applicables à tous les établissements assujettis, notamment en ce qui concerne **l'éclairage, l'aération ou la ventilation**, les **eaux potables**, les **fosses d'aisances, l'évacuation des poussières et vapeurs**, les **précautions à prendre contre les incendies**, etc. ;

2° Au fur et à mesure des nécessités constatées, les prescriptions particulières relatives soit à certaines industries, soit à certains modes de travail.

« 4° Le Congrès émet le vœu que toutes les lois déposées ou en préparation visant l'hygiène et la sécurité des travailleurs soient votées dans le plus bref délai possible. »

M. Palletan déclare que, dans son intention, c'est l'éloignement de la femme de l'imprimerie qu'il préconise, mais devant les raisons qu'on lui a fait valoir, au cours de discussions antérieures au Congrès, il propose comme mesure subsidiaire que les filles ne soient autorisées à travailler dans l'imprimerie, soit comme apprentie compositrice ou tout autre emploi, qu'à partir de 16 ans.

Il consent à cette mesure à condition que le travail effectué par une compositrice étant le même que celui de l'homme, le salaire soit le même.

M. Roland, délégué de Nevers, dit que la question n'est pas de la compétence du Congrès.

Sous bénéfice de cette observation, les paragraphes 1, 2, 3 et 4 du vœu présenté par M. Palletan sont adoptés.

M. le Président donne lecture de la quatrième question à l'ordre du jour, qui a trait à l'*Extension des pouvoirs des Commissions du travail.*

M. Palletan dit que cette question à une grande importance, car, si les pouvoirs des Commissions du travail ne s'étendent qu'à la loi du 2 novembre 1892, il ne verrait guère notre utilité ; et, dit-il, la loi de 1892 a déjà été modifiée par celle du 30 mars 1900, veuillez me permettre, Messieurs, de vous donner lecture de la réponse faite à notre Commission par M. Millerand, alors Ministre du Commerce et de l'Industrie :

« Quant à l'extension des pouvoirs de la Commission à toutes les lois concernant le travail sans exception, cette réforme ne peut être réalisée que par une loi, ses pouvoirs étant limitativement fixés par l'art. 24 de la loi, du 2 novembre 1892. »

Malgré cette note ministérielle, cela ne m'enpêchait pas, dans la séance du 18 avril 1902, de renouveler mon vœu avec plus d'insistance. en faisant observer au Ministre, qu'en parcourant le *Bulletin de l'Office du travail*, je vois que les Commissions du travail de la Charente-Inférieure, du Cher, du Tarn, du Gers et de la Gironde se sont occupées d'autres questions que de celles concernant la loi du 2 novembre 1892, notamment celle de la Charente-Inférieure qui émet l'avis que la loi de 1893 soit étendue aux petites industries de l'alimentation, ainsi qu'aux maisons de commerce, et toutes les autres Commissions citées se sont occupées de lois autres que celle de 1892.

Je demande donc, Messieurs, que le Congrès se prononce d'une façon catégorique sur cette question en demandant au Ministre qu'une loi prochaine vienne étendre nos pouvoirs trop limités.

Les délégués de Sens déclarent avoir mandat de voter l'extension demandée.

M. Lemasson déclare que la Commission de l'Aube s'est prononcée dans le même sens.

Vœu adopté.

M. le Président donne lecture de la cinquième question à l'ordre du jour, tendant à ce que *les Employés de commerce des deux sexes soient assimilés aux ouvriers de l'industrie.* — Vœu de MM. Palletan et Charles Georges, adopté par la Commission de l'Allier dans sa séance du 18 avril 1902 :

« Considérant que les employés de commerce et des magasins sont soumis à un surmenage excessif, en ce sens qu'ils travaillent 12 et 13 heures par jour, qu'ils n'ont même pas une journée de repos par semaine, et qu'au point de vue de l'hygiène, ils n'ont aucun recours à la loi,

« Émettent le vœu :

« Que les employés de commerce des deux sexes soient assimilés au même titre que les ouvrières et ouvriers travaillant dans les ateliers et, par conséquent, protégés par les lois du 2 novembre 1892 et du 12 juin 1893. »

M. Leroux lit un vœu adopté par la Commission d'Auxerre, au sujet de la protection et l'assimilation des employés.

M. Gaillard, de Sens, donne lecture d'un rapport sur le même sujet :

« Messieurs,

« Un de nos collègues, M. Perrault, nous a soumis un vœu qui aurait été adopté par la Commission du Travail d'Auxerre, lequel demande que les employés de commerce des deux sexes, soient assimilés au même titre que les ouvriers et ouvrières travaillant dans les ateliers, et, par conséquent, protégés par les lois des 2 novembre 1892 et 12 juin 1893.

« La première chose qui frappe dans l'exposé de ce vœu, c'est la ligne de démarcation qu'on établit entre les employés de commerce et leurs collègues, employés de bureau, d'administration, etc., et il y a lieu d'être surpris et étonné de la différence avec laquelle ils sont traités.

« Dailleurs, on se demande où commence et où finit l'employé du commerce, le vœu ne l'indique nullement. Les employés comptables d'une part et, par ailleurs, les garçons de café, de restaurant, par exemple, seront-ils protégés par la loi, alors que les employés d'administration, d'assurances, de banques, de ministère, auraient toute latitude de faire des heures supplémentaires et de faire eux : « ce travail excessif pour lequel on plaint l'employé de commerce, comme si seul, il risquait d'y être soumis, à l'exclusion des autres employés ? »

« Le principe d'égalité est donc faussé, dès l'énoncé même du vœu déposé, car si, réellement, le bénéfice des lois du 2 novembre 1892 et 12 juin 1893, devait constituer une nécessité impérieuse, il y aurait lieu, dès lors, d'étendre l'assimilation à tous les employés, sans aucune distinction de profession. Je dirai plus, la classe entière des domestiques des deux sexes devrait en bénéficier à son tour, car si l'on entre dans la voie de la réglementation égalitaire, aucun salaire ne doit rester en dehors de la loi, et je dis et je prétends que, dans la voie de l'assimilation et de la réglementation générale, il ne doit y avoir aucun échappatoire en faveur de qui ce soit.

« Je m'élève donc avec force contre le principe d'un vœu incomplet qui, à mon humble avis, coupe le progrès en petites tranches, comme s'il devait être long à réaliser, et j'estime que si la nécessité, l'urgence, le bien-être de cette loi sont démontrés, c'est à tous les salariés qu'elle doit être appliquée : à l'employé de commerce comme à l'employé de banque, au livreur comme au garçon de café, au domestique de ferme comme au cocher de grande maison, en un mot, à tous sans aucune exception et je vous dirai, Messieurs, que cette seule raison suffirait déjà à me faire repousser le vœu dans la forme où il est présenté, forme qui créerait une classe de privilégiés, sans se soucier d'autres catégories de travailleurs aussi intéressantes.

« Mais il est, Messieurs, une autre question plus importante encore, qui se pose dès l'examen de ce vœu, et il me semble à moi que ses auteurs, pour justifier l'assimilation devant la loi, auraient d'abord dû établir que l'employé de commerce est assimilé à l'ouvrier, car c'est là le nœud de la question.

« S'il y a identité dans les conditions du travail de l'employé et de l'ouvrier, qu'il y ait identité de traitement devant la loi, cela je l'accepte.

« Mais, si cette identité n'existe pas, je me demande comment vous justifierez l'identité de traitement qui, dès lors, n'a plus aucune raison d'être.

« Or je prétends, quant à moi, et je vais le prouver d'une façon irréfutable, qu'il n'y a pas identité dans les conditions du travail de l'employé et celles de l'ouvrier, et que ce qui réglemente l'un ne peut, sans variantes considérables, réglementer l'autre.

« Examinons, en fait, la situation respective des deux catégories de travailleurs qui nous préoccupent, et nous verrons que le travail demandé généralement à l'employé de commerce n'a aucune analogie avec le travail demandé à l'ouvrier.

« Pour l'ouvrier, l'acte qui détermine le salaire est expressément un acte de travail.

« Pour l'employé (et l'employé de commerce surtout), l'acte qui détermine le salaire est, avant tout, un acte de présence d'une durée déterminée, au cours duquel s'exerce bien l'acte de travail, mais d'une durée essentiellement variable, et parfois même très réduite, par rapport à la durée du temps de présence de l'employé. C'est donc bien un acte de présence, avant d'être un acte de travail.

« La preuve en est facile à faire : On exige de l'ouvrier un travail ininterrompu, au point que l'interruption, si minime soit-elle, entraîne immédiatement la suppression du salaire, et que le chômage supprime les heures et même les journées de travail.

« Ce qu'on exige de l'employé de commerce, c'est avant tout qu'il soit présent à son poste, à son rayon, c'est qu'il soit là pour répondre au client, quand il s'en présentera et même s'il ne s'en présente pas. Et l'interruption de travail est si bien prévue et si bien la règle dans les maisons de commerce, que le législateur a accordé aux employés des sièges de repos qu'ils occupent pendant les moments de loisirs que leur laisse trop souvent, hélas! la crise commerciale que nous traversons.

« L'employé de commerce est de plus payé au mois et, conséquemment, payé le jour où le client fait défaut; il est également payé intégralement les mois où existe ce qu'on appelle, en terme commercial, la morte saison à laquelle personne n'échappe. Et, à propos de la morte saison, il est permis de dire que l'ouvrier, lui, la paie de sa poche par le chômage et l'absence forcée du salaire qui en résulte; tandis que l'employé, lui, la paie de la poche de son patron, par l'absence d'affaires et de travail effectif pour lui, sans que pour cela son salaire en soit atteint.

« La situation de l'ouvrier est donc loin d'être égale à celle de l'employé de commerce dont elle diffère en tous points, et dès lors comment assimiler l'employé de commerce à l'ouvrier au point de vue de la loi, quand ils ne peuvent être assimilés l'un à l'autre au point de vue des conditions de leur travail respectif?

« Que l'on fasse une enquête impartiale, et il sera très facile de se rendre compte de cette différence sensible qui existe entre le travail de l'employé et celui de l'ouvrier, et de constater que, dans la plupart des commerces, les heures de présence des employés ne sont pas le moins du monde en rapport avec les heures effectives de travail.

« Faut-il vous citer les commerces dénommés commerces de bouche : boucheries, restaurants, cafés, etc.? N'est-il pas évident que, dans ces maisons, le travail des employés est absolument intermittent et que chaque période de travail, de une ou plusieurs heures, est séparée de la suivante par un temps de repos particulièrement long, et que, d'ailleurs, l'analogie de cette situation se retrouve dans la plupart des commerces de détail, au point que, selon les saisons, le temps, selon les goûts divers des clients, le temps de présence des employés reste bien le même, mais le temps de travail effectif est absolument variable et ne représente pas souvent la moitié du temps de présence demandée.

« Il est encore, Messieurs, un point particulièrement intéressant à traiter, et qui permet de reconnaître qu'il n'y a pas non plus aucune assimilation possible entre le travail de l'employé et celui de l'ouvrier, au point de vue de la fatigue. L'effort, la dépense de forcer demandée à l'employé est généralement bien peu de chose en comparaison de l'effort, de la dépense de forcer, du labeur demandé à l'ouvrier et là, encore, l'employé se trouve tellement favorisé par la condition de son travail, que vous reconnaîtrez comme moi, Messieurs, que l'assimiler à l'ouvrier, ce serait créer à ce dernier, une situation absolument défavorable.

« Permettez-moi d'insister une dernière fois et de soutenir que l'on ne peut assimiler l'employé de commerce à l'ouvrier.

« L'ouvrier lui, souffre des jours de chômage, quand l'employé n'en souffre pas, l'ouvrier voit son salaire arrêté quand la baisse du travail l'oblige au repos, tandis que pour l'employé de commerce le salaire court toujours, l'ouvrier travaille sans trêve une fois entré à l'atelier ou au chantier, tandis que les repos de l'employé n'atteignent nullement son salaire et sont prévus même par le législateur, qui dans une pensée humanitaire, et bien dans la voie qu'il faut suivre, a mis des sièges à sa disposition.

« D'autre part, Messieurs, comment réglementer, d'une façon uniforme et sans arbitraire, les heures de travail ou plutôt de présence des employés de commerce, sans atteindre les commerçants déjà si éprouvés ? Est-ce que certains magasins, les quincaillers par exemple, n'ont pas besoin d'être ouverts avant l'ouverture et après la fermeture des chantiers, des ateliers, des usines, afin de permettre aux ouvriers et ouvrières de faire les achats dont ils ont souvent un pressant besoin.

« Je n'insiste pas, Messieurs, cependant ne croyez pas que je vais dire qu'il n'y a rien à faire ou plutôt rien à demander pour les employés de commerce, tel n'est pas mon avis, surtout si l'on considère que certaines maisons de commerce nourrissant leurs employés, les obligent à reprendre leurs postes immédiatement après leur repas, et que, de plus, ils n'ont même pas un jour de repos par semaine.

« Aussi, sur le bénéfice des observations que je viens d'avoir l'honneur de vous présenter et suivant la voie tracée par le législateur, je vous demande comme conclusions, la permission de vous présenter le vœu suivant, qui, à mon humble avis, amende dans une mesure aussi juste que raisonnable, celui qui nous a été transmis par notre aimable secrétaire, M. Perrault :

« La Commission du Travail,

« Considérant qu'un certain nombre de maisons de commerce nourrissant leurs employés, ne leur accordent aucun repos dans la journée, qu'ils sont obligés de reprendre leurs postes immédiatement après leur repas pour lesquels ils ont un temps insuffisant ;

« Considérant, en outre, que certains employés n'ont même pas un jour de sortie par semaine,

« Emet le vœu :

« Que les employés de commerce des deux sexes aient au moins une heure de repos aux repas de midi et du soir et que, de plus, il leur soit accordé un jour de congé par semaine. »

M. Perrault, de Sens, dit qu'il a trouvé dans le vœu d'Auxerre un esprit juste, c'est ce qui l'a décidé à le transmettre à la Commission à laquelle il appartient; les membres de la Commission de Sens ayant trouvé que le vœu présenté par Auxerre prêtait trop à discussion, c'est de là que le rapport présenté par le délégué de Sens a été décidé.

M. Palletan dit que c'est la Commission de l'Allier qui a émis ce vœu, sans toutefois faire de rapport à ce sujet; cependant, il doit féliciter les Commissions d'Auxerre et Sens pour un travail aussi complet que celui qui vient d'être communiqué au Congrès.

La discussion est close et l'assimilation des employés aux ouvriers de l'industrie est votée.

Les délégués de Sens déclarent s'abstenir.

M. le Président donne lecture de la sixième question à l'ordre du jour, tendant à ce que *les Employés de commerce soient justiciables des Conseils de Prud'hommes* :

« La Commission départementale du Travail de l'Allier,

« Considérant que la juridiction prud'hommale, composée en parties égales de patrons et d'employés élus par leurs pairs présente, pour la très nombreuse catégorie des employés de commerce et de bureau aux appointements modestes, les précieux avantages suivants : Economie dans les frais de procédure, promptitude pour la solution du litige et connaissance pratique et technique des membres composant le Tribunal,

« Émet le vœu :

« Que la Chambre des Députés adopte cette juridiction au lieu du Tribunal de Commerce qui ne répond aucunement à la situation des employés. »

M. Leroux dit que la Commission d'Auxerre a également émis un vœu sur cette question.

M. le Président dit que la question sera soulevée prochainement au Sénat, à propos des propositions de M. Cordelet, tendant à ce que les Employés ne soient justiciables que du Tribunal civil.

Personnellement, il ne comprend pas ce qui a guidé l'auteur, mais son idée est acquise à la juridiction prud'homale.

Le vœu proposé est adopté.

L'ordre du jour étant épuisé, on aborde les propositions et vœux faits par les délégués.

M. Leroux lit un vœu demandant l'application stricte et sans dérogation de la loi de 1892 sur les femmes et enfants dans les ateliers mixtes :

« La Commission départementale du Travail,

« Considérant que la faveur accordée aux industriels et entrepreneurs de faire exécuter par leur personnel des heures supplémentaires dans leurs usines, chantiers, magasins, etc., pendant une certaine période de l'année, est la cause initiale de nombreux abus ;

« Considérant que les motifs invoqués pour justifier cette tolérance sont, dans la généralité des cas, des moyens détournés de violer la loi ;

« Considérant que cette manière d'agir constitue un indéniable surmenage que la loi a entendu et voulu supprimer ;

« Considérant, en outre, qu'il serait de beaucoup préférable qu'un régime de travail doux et régulier fût substitué au système actuel d'à-coups et de chômages qui démoralisent les travailleurs,

« Émet le vœu :

« Que la loi du 2 novembre 1892, sur le travail des

femmes et des enfants dans les ateliers mixtes, reçoive son application stricte et sans dérogation; et que, sous aucun prétexte, l'autorisation de dépasser le maximum de travail fixé à 10 heures 1/2 par jour ne soit accordée. »

M. Perrault, délégué de Sens, demande la parole et lit les considérants suivants :

« Considérant que l'autorisation demandée par certains industriels pour faire effectuer par leurs ouvriers, un nombre d'heures de travail supérieur à celui prévu par la loi, peut devenir une source d'abus et un moyen détourné de violer ladite loi ;

« Considérant, cependant, que cette autorisation ne saurait être refusée, lorsqu'elle est basée sur un manque d'ouvriers régulièrement constaté ;

« Considérant que si l'esprit de cette loi est d'arriver à une meilleure répartition du travail et à la suppression des périodes de chômage si préjudiciables aux travailleurs, le législateur, néanmoins, n'a pas voulu paralyser l'industrie française et la mettre dans un état d'infériorité, tel qu'elle ne puisse soutenir la concurrence étrangère et que pour cela, mais dans le cas seulement où l'industrie manque de bras, l'autorisation de faire effectuer des heures supplémentaires doit lui être accordée,

« Emet le vœu :

« Qu'il soit établi dans chaque Mairie un livre dit « *des sans travail* » où devront se faire inscrire tous les ouvriers et ouvrières sans ouvrage, indiquant leur profession, leur adresse et les références justifiant leurs capacités professionnelles ;

« Et qu'il ne soit accordé de dérogations à la loi du 2 novembre 1892, sur le travail des femmes et des enfants mineurs dans les établissements industriels et dans les ateliers mixtes, qu'autant que le livre précité ne contiendrait de « *sans travail* » dans la profession sollicitant l'autorisation d'augmenter les heures de travail. »

M. Leroux demande la parole pour établir que certains patrons sollicitant une dérogation pourront refuser d'embaucher tel ou tel chômeur, sous prétexte qu'il n'ont pas la place pour les caser.

M. Perrault déclare s'en tenir à la proposition de Sens.

La discussion est close sur ce point et l'application stricte et sans dérogation est votée.

L'adjonction présentée par Sens consistant au dépôt du cahier dans les Mairies est adoptée.

Quelques délégués s'abstiennent.

M. Leroux lit un vœu accepté par la Commission d'Auxerre tendant à ce que l'indemnité, en cas d'accident, soit payée à partir du premier jour au lieu du cinquième.

M. le Président dit que la chose est juste et se trouve dans l'esprit des législateurs. Si le vœu est motivé, c'est la faute aux Députés qui ont envoyé au Sénat une loi incomplète et qui l'on laissée encore amoindrir par les effets de la disjonction. Dans son esprit l'article en question reviendra en discussion, mais on ne sait quand.

Le vœu est adopté.

M. Leroux lit un vœu accepté par la Commission d'Auxerre, demandant que la procédure en matière d'accidents, soit simplifiée et que les intéressés soient moins longtemps à jouir de leurs droits.

Adopté.

M. Lapeyre développe son vœu tendant à ce que les délégués des Commissions du travail soient pris, de préférence, pour servir de médiateurs au moment où des difficultés surgissent entre patrons et ouvriers.

Après un échange de vue entre plusieurs délégués, ce vœu est adopté.

Il est décidé que les vœux à examiner feront l'objet d'une réunion le lendemain matin, et la séance est levée.

Le Rapporteur général,	*Les Secrétaires,*
E. LAPEYRE.	LEMASSON et PALLÈTAN.

Séance du 25 octobre 1903.

M. le Sénateur COLINOT préside.

M. PERRAULT, délégué de Sens, lit un vœu tendant à étudier encore une fois la loi, avant le terme de la journée de 10 heures. Le voici :

« Considérant que la loi portant réduction de la journée de travail à 10 heures 1/2 lèse, malgré ses bonnes intentions, les intérêts des ouvriers, en ce qu'elle diminue d'autant leurs salaires ;

« Considérant que cette loi est une cause de conflits permanents entre les industriels et leur personnel, par suite des demandes d'augmentation qu'elle incite les travailleurs à introduire dans nombre de corporations, pour compenser la réduction du nombre d'heures,

« Emet le vœu :

« Que lors de l'application de la clause réduisant la journée de travail à 10 heures, une modification intervienne, stipulant que le prix de l'heure ou du travail aux pièces subira, par toute la France, une majoration proportionnelle destinée à maintenir au taux actuel le montant des salaires journaliers des ouvriers de l'industrie. »

M. BRESSON craint que les salaires étant maintenus et la journée réduite, les produits soient concurrencés par ceux venant de l'étranger.

M. Roland dit que, se basant sur le recueil des rapports des inspecteurs, constatant que malgré la réduction de la journée de travail, la production n'a pas baissé, il ne croit pas à la concurrence étrangère. Il entre dans des considérations tendant à éliminer des entreprises de travaux publics ceux qui ont contrevenu à la loi du travail. C'est une mesure d'Etat.

M. Charles Georges appuie les dires de M. Roland et combat, lui aussi, les arguments ayant trait à la concurrence étrangère. Il fait une charge à fond de train contre les entrepreneurs qui font des rabais de 30, 40 p. °/₀, et pour arriver à leurs fins, grugent les Communes, les Départements et l'Etat.

M. Roland lit un extrait de rapport d'un Ingénieur qui dit, en substance, que la journée pourrait être fixée de 8 à 10 heures, se basant sur un texte qu'il propose de soumettre au Congrès.

M. Lapeyre dit que depuis que le tramway de Vichy fonctionne, le personnel ne fait que 10 heures, et que le rendement n'a jamais laissé à désirer.

M. Gaillard, de Sens, dit que la concurrence étrangère est à craindre, il cite comme exemple que la chaussure suisse est arrivée sur le marché français moins chère (droits de douane compris), que l'article de Paris. Il fournit la lettre suivante de la maison Krupp :

« Nous avons l'honneur de répondre à votre lettre du 25 courant.

« Une journée de travail normale et réglée par la loi n'existe pas en Allemagne. Ici, à Magdebourg, on travaille dans les fabriques généralement 10 pleines heures pendant tous les jours de la semaine, mais il y a aussi des exceptions de journées de 11 et de 9 heures.

« A nos usines, la tâche commence à 6 heures 1/2 du matin et cesse à 6 heures du soir ; y compris sont deux repos, de 8 heures à 8 heures 1/2 le matin et de 12 heures à 1 heure le midi. A la veille des grandes fêtes de Pâques, de Pentecôte et de Noël, l'usage de notre maison est de ne faire travailler que de 6 heures 1/2 du matin à 12 heures au midi, mais ceci n'est pas reçu dans toutes les fabriques de notre ville. »

M. Perrault soutient à nouveau le vœu présenté par la Commission de Sens.

M. Roland demande à dire un dernier mot pour s'attacher à un principe qui est celui de la diminution des heures de travail, tandis que l'augmentation des salaires n'en est pas un, car les denrées alimentaires subissent la même fluctuation que les salaires, finalement, au point de vue du gain ouvrier, la situation est la même.

Le vœu de la Commission de Sens consistant à sauvegarder les prix de main-d'œuvre, malgré la réduction de la journée, est adopté à l'unanimité.

M. Roland dit que le premier rapport contenu dans le volume de l'inspection du travail est plein d'enseignements et que les Commissions départementales feraient bien de l'adopter.

Au Congrès de 1900, les inspecteurs se sont mis d'accord pour déclarer que les pénalités, en cas d'infraction à la loi, ne sont pas suffisantes. Certains tribunaux accordent des sursis à des récidivistes. A ceux-ci, le sursis est accordé parce qu'ils changent de juridiction.

M. le Président dit que tout le monde ayant compris la portée du vœu, une rédaction sera adoptée par les secrétaires.

Comme conclusion, le délégué de Nevers demande que le sursis ne soit plus accordé aux délinquants.

Adopté à l'unanimité, moins une voix.

M. ROLAND émet le vœu que l'on écarte des adjudications les entrepreneurs qui ne se sont pas inclinés devant l'arbitrage.

Adopté.

M. LAUZET lit un vœu fixant un minimum de 1 fr. 50 par jour, pour 10 heures de travail, pour les enfants de 12 ans qui, actuellement, ne reçoivent que 0 fr. 65 pour porter de la tuile sur un parcours de plusieurs kilomètres.

M. le PRÉSIDENT demande que le Congrès s'associe à ce qui est proposé, non sous forme de vœu, mais comme protestation contre de pareils faits.

Adopté.

M. PALLETAN lit le vœu suivant tendant à accorder l'après-midi du samedi aux ouvrières :

« MESSIEURS,

« Les lois sur le travail sont d'application toute récente en France, et on peut dire cependant qu'elles jouissent auprès de l'opinion publique, et plus particulièrement auprès des travailleurs, d'une faveur toute spéciale.

« En outre, le développement considérable que cette législation a reçu depuis quelques années, témoigne de l'intérêt profond que le gouvernement de la République n'a cessé de prendre aux préoccupations généreuses qui sont propagées dans le monde civilisé depuis un quart de siècle.

« Il ne faut pas croire, cependant, qu'il ne reste rien à

faire. Des améliorations nombreuses ont sans doute été apportées au sort des populations laborieuses ; mais il reste encore des réformes à accomplir.

« Je vous proposerai donc d'émettre les deux vœux suivants :

« 1° Que la loi rétablissant le repos hebdomadaire, soit votée et appliquée dans le plus bref délai possible ;

« 2° Que le repos de l'après-midi du samedi soit rendu obligatoire pour toutes les femmes occupées dans les établissements industriels.

« Le chômage du dimanche est scrupuleusement observé en Angleterre, en Allemagne et dans un grand nombre d'Etats de l'Amérique du Nord. Pourquoi ne le serait-il pas en France ? Ce qui se passe chez nos voisins — qui sont en même temps nos rivaux au point de vue économique — montre suffisamment que cette réforme n'apporterait aucune perturbation sérieuse dans notre commerce et notre industrie, et que, dans tous les cas, ce trouble serait de courte durée. Il me paraît donc inutile d'insister davantage.

« En ce qui concerne le repos de l'après-midi du samedi (je dois dire qu'il existe des fabriques à Roanne qui l'observent) pour les femmes employées dans les établissements industriels, il est urgent qu'il soit adopté, si on ne veut rendre illusoire le repos hebdomadaire rendu obligatoire pour cette catégorie de travailleurs par l'article 5 de la loi du 2 novembre 1892. Qu'arrivera-t-il, en effet, dans l'état actuel de notre législation ? C'est que les femmes, qui ont passé toute la semaine à l'atelier, sont obligées de consacrer le dimanche à mettre de l'ordre dans le ménage, à nettoyer et raccommoder le linge et les effets ; de sorte que, pour elles, le repos du dimanche n'existe pas.

« Pour leur permettre de se reposer le dimanche, il faut donc que le samedi soir elles aient le temps matériel de mettre de l'ordre dans leur intérieur ; grâce à cela, les ménages ouvriers pourront au moins, un jour par semaine, jouir de la vie de famille.

« Et puisqu'il faut malheureusement aller chez nos voisins chercher le bon exemple, examinons ce qui se passe en Angleterre. Depuis la loi du 17 août 1901, dans les fabriques textiles, la journée est de 10 heures pendant les cinq premiers jours de la semaine, et de 5 heures seulement le samedi.

« Dans les fabriques non textiles, la journée est de 10 heures 1/2 pendant les cinq premiers jours et de 7 heures le samedi.

« Cette législation n'empêche pas l'Angleterre d'être la première nation industrielle du monde ; il est d'ailleurs à remarquer que, dans la plupart des établissements industriels de l'Angleterre, la limite légale de la durée du travail n'est jamais atteinte : la durée du travail dépasse rarement 9 heures par jour et 50 heures par semaine.

« Que la République rende donc le repos hebdomadaire obligatoire pour tous les citoyens — sauf certaines exceptions indispensables — et le repos de l'après-midi du samedi obligatoire pour les femmes, et nos industriels ne chercheront plus à augmenter la production en prolongeant la durée du travail au détriment de la santé de leur personnel.

« Ils lutteront avantageusement contre la concurrence étrangère, en perfectionnant leur outillage. C'est donc non seulement pour sauvegarder la santé des travailleurs, que je vous propose d'émettre les vœux dont je vous ai donné lecture, mais aussi dans l'intérêt, *bien entendu,* de l'industrie nationale. »

M. Lemasson dit qu'en principe il en est partisan ; ce système permettrait aux femmes de faire le ménage le samedi après-midi, et toute la journée du dimanche serait acquise à la promenade hygiénique en compagnie de la petite famille.

Mais il craint que, en voulant tendre la perche à ces travailleurs, l'on ouvre l'ère de précédents qui ne manqueraient pas. Les patrons se montreraient plus généreux que nous; ils accorderaient l'après-midi du samedi aux hommes, et comme la loi accordera, l'an prochain, 60 heures aux patrons, il s'ensuit qu'en accordant le repos du samedi après-midi, ils rétabliront la journée de 11 heures. En acceptant ce vœu, on pourrait mettre beaucoup d'entraves à l'inspection du travail.

Les congressistes prenant en considération les raisons émises par le délégué de l'Aube, il est passé outre.

M. Perrault, délégué de Sens, propose la résolution suivante :

« 1° Que le compte-rendu des travaux du Congrès soit adressé à toutes les Commissions du travail, avec une circulaire les invitant à solliciter de leur Conseil général les subsides nécessaires à leur fonctionnement ;

« 2° Que les Commissions se transmettent réciproquement les vœux votés par elles, afin que chacune puisse les adopter ou les modifier, ce qui permettrait d'exercer une action commune en faveur de certaines questions qui, par cela même, auraient bien plus de poids auprès des Pouvoirs publics. »

Dans l'esprit de l'auteur de la résolution, cette mesure aurait pour effet de stimuler le zèle d'un grand nombre de Commissions qui fonctionnent mal, parce qu'elles ne savent qu'imparfaitement en quoi consistent leurs attributions.

M. Charles Georges dit que c'est la Commission de l'Allier qui, la première, a fait une active propagande auprès des autres Commissions; grâce, dit-il, aux subsides que le Conseil général a bien voulu nous allouer, nous avons imprimé nos procès-verbaux, envoyé des circulaires, en un mot nous avons essayé de donner la mesure de ce que pourraient les Commissions départementales, si elles avaient quelque activité, et le rôle important qu'elles sont appelées à remplir si elles se développent un jour; du reste, notre Congrès en est une preuve.

Adopté.

M. Roland, délégué de Nevers, demande que le Congrès se prononce contre l'interprétation de M. Congy, qui tend à augmenter la journée de travail.

M. Perrault, délégué de Sens, appuie longuement le vœu de Nevers et explique que les progrès constants du machinisme font une obligation au monde ouvrier d'orienter son action économique vers la diminution des heures de travail, seul palliatif susceptible de contrebalancer les effets de la production intensive que nous constatons dans toutes les branches de l'industrie.

Aucun ouvrier adulte ne devrait effectuer plus de dix heures de travail par jour.

Adopté à l'unanimité.

Les travaux du Congrès étant épuisés, M. le Président adresse ses remerciements aux congressistes pour l'avoir aidé dans l'acomplissement de sa tâche, et aux applaudissements de tous félicite chaleureusement M. E. Lapéyre, ingénieur, promoteur du premier congrès des Commissions du travail.

M. Lemasson demande qu'avant de se séparer il soit choisi une Ville pour le Congrès prochain.

La ville de Dijon est désignée.

Le délégué de cette Ville fait des réserves, disant qu'il n'a pas de mandat à ce sujet.

Finalement la motion suivante, présentée par M. LEMASSON, est adoptée :

« Les congressistes, siégeant à Moulins, acceptent par avance la ville de Dijon pour y tenir le Congrès des Commissions départementales, l'an prochain, si la Commission de cette Ville obtient du Conseil général les crédits nécessaires. »

L'ordre du jour étant épuisé, le Congrès est clos.

Le Rapporteur général,

E. LAPEYRE.

Les Secrétaires,

LEMASSON et PALLETAN.

Travail exécuté par des ouvriers syndiqués.

FÉDÉRATION DU LIVRE 77e SECTION MARQUE SYNDICALE

www.ingramcontent.com/pod-product-compliance
Ingram Content Group UK Ltd.
Pitfield, Milton Keynes, MK11 3LW, UK
UKHW031947260826
14628UKWH00004B/1916

9 782013 268561